김재성 글

서울대 영어교육학과 재학 중 미국으로 가서 앨러배마 주립대 치과대학원을 졸업했고, 미시시피 주립대학병원에서 통합치의학 전문의 과정을 마쳤어요. 25년이 넘게 치과 진료를 해 오던 중, 어린이들에게 재미있는 이야기로 치아의 중요성을 알리기 위해 《치과 의사의 행복한 치아 이야기》를 쓰게 됐어요. 2009년 한국추리작가협회에서 《목 없는 인디언》으로 신인상을 수상하며 작가로 등단했고, 2014년 《드래건 덴티스트》로 제9회 소천아동문학상을, 2015년 《경성 새점 탐정》으로 제13회 푸른문학상을 수상했어요. 글을 쓴 작품으로 《천상열차분야지도》《경성 새점 탐정》《호텔 캘리포니아》《경성 좀비 탐정록》《불멸의 탐정, 셜록 홈즈》《제주도로 간 전설의 고양이 탐정》 등이 있어요. 한국추리작가협회장과 경찰청 과학수사대 자문 위원으로 활동하고 있어요.

백명식 그림

강화에서 태어나 서양화를 전공했고, 출판사 편집장을 지냈습니다. 어린이들이 좋아하는 책을 쓰고 그릴 때 가장 행복합니다. 그린 책으로는 《자연을 먹어요(전 4권)》《WHAT 왓? 자연과학편(전 10권)》 시리즈, 《책 읽는 도깨비》 등이 있으며, 쓰고 그린 책으로는 《돼지 학교(전 40권)》《인체과학 그림책(전 5권)》《맛깔나는 책(전 7권)》《저학년 스팀 스쿨(전 5권)》《명탐정 꼬치의 생태 과학(전 5권)》 시리즈 등이 있습니다. 소년한국일보 우수도서 일러스트상, 소년한국일보 출판부문 기획상, 중앙광고대상, 서울 일러스트상을 받았습니다.

몬스터 치과 병원 ❷

김재성 글 | 백명식 그림

1판 1쇄 인쇄 2020년 7월 24일  1판 1쇄 발행 2020년 8월 7일
펴낸이 정중모  펴낸곳 파랑새  등록 1988년 1월 21일(제406-2000-000202호)
편집장 서경진  편집 강정윤, 조웅연  디자인 권순영
마케팅 E-biz 김선규, 윤소정  제작 윤준수  관리 이원희, 허유정, 원보람
주소 경기도 파주시 회동길 152  전화 031-955-0670  팩스 031-955-0661  홈페이지 www.bbchild.co.kr
전자우편 bbchild@yolimwon.com  ISBN 978-89-6155-873-0 74510, 978-89-6155-752-8 (세트)

ⓒ김재성, 백명식 2020

· 책값은 뒤표지에 있습니다.
· 저작자와 출판사의 허락 없이 이 책의 일부 또는 전체를 인용하거나 발췌하는 것을 금합니다.

어린이제품안전특별법에 의한 제품 표시
제조자명 파랑새 | 제조년월 2020년 7월 | 제조국 대한민국 | 사용연령 3세 이상

# 몬스터 치과 병원 2

**초콜릿 괴물이 나타났어요! - 치실의 원리와 사용 방법**

파랑새

매일 밤, 초콜릿 마녀는 초콜릿 왕국의 초콜릿 성에서
마법 피리를 불어요.
잠자던 치아들이 피리 소리를 듣고
하나둘 초콜릿 성으로 모여들지요.

초콜릿 마녀는 치아들에게 초콜릿을 발라 주었어요.
그러자 치아들이 초콜릿 괴물로 변하기 시작했어요.
날개가 달리고 이상하게 생긴 괴물들이었죠.
초콜릿 괴물들이 마법을 부리면 거미로 변신해
좁은 틈에도 숨을 수 있답니다.

보름달이 떠오르기 시작했어요.
초콜릿 괴물들이 몬스터 숲으로 날아갔어요.

그날 밤, 몬스터 숲의 용은
꿈속에서 달콤한 사탕을 먹고 있었어요.
이윽고 초콜릿 괴물들이 용을 향해 다가왔어요.
초콜릿 괴물들은 용의 치아 사이사이로 쳐들어갔어요.

"으악!"
달콤한 꿈속에 빠져 있던 용이 벌떡 일어났어요.
용은 이가 너무 아파 몬스터 치과 병원으로
휙 날아갔어요.

"선생님! 이가 너무 아파요!"
용이 눈물을 뚝뚝 흘리며
몬스터 의자에 앉으려고 했어요.
"안 돼! 안 돼! 너는 몸집이 너무 커."
몬스터 의자가 깜짝 놀라 도망치며 소리쳤어요.

"용이 앉아서 치료를 받도록
우리가 커다란 몬스터 의자를
만들어 주자!"
전갈 장군이 집게를 들어
나무 밑동을 썩둑썩둑
다듬어 주었어요.
몬스터 전사들이
나무를 날라 주었어요.
울퉁불퉁 두꺼비도
옆에서 도왔어요.
용을 위한 거대한 몬스터 의자가
완성됐어요.

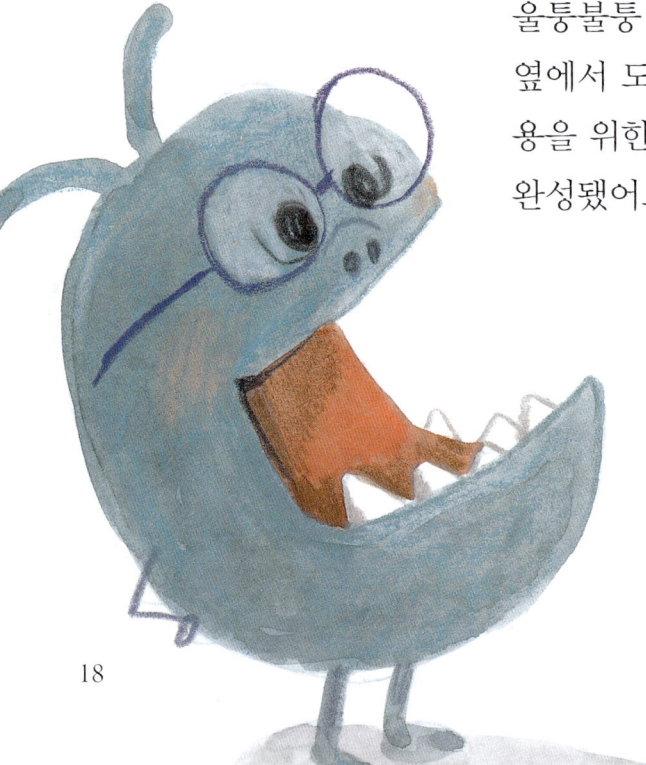

드디어 용이 커다란 몬스터 의자에 앉았어요.
몬스터 치과 의사는 용의 입속을 살펴보기 위해
도르래가 달린 두레박을 타고
용의 얼굴 옆으로 높이 올라섰어요.
"선생님, 제 이가 썩어서 아픈 건가요?"
용이 두 눈을 껌벅거리며 울먹였어요.
"아니야, 치아 사이에 뭔가가 있어!"
마법 거울로 용의 이를 들여다보던
몬스터 치과 의사가 말했어요.

몬스터 치과 의사와 몬스터 전사들, 그리고 전갈 장군은 마법 칫솔로 용의 치아를 열심히 닦아 주기 시작했어요. 하지만 아무리 닦아 주어도 치아 사이에 낀 것이 절대 빠져나오지 않았어요.

"음……, 다른 방법이 필요해."
몬스터 치과 의사가 허리에 묶은 치실을 풀었어요.
"오, 세상에! 그 실로 제 이를 빼려는 거죠?"
용이 깜짝 놀라 벌벌 떨며 말했어요.
"아니야, 치아 사이에 있는 것을
이 치실로 빼내려는 거야."
몬스터 치과 의사와 몬스터
전사들, 그리고 전갈 장군은
힘을 합쳐 치실을 용의 치아
사이로 힘껏 밀어 넣었다가
빼냈어요.
숨어 있던 초콜릿 괴물들이 잇속
에서 와르르 빠져나왔어요.
마법이 풀린 초콜릿 괴물들은
비실비실 힘을 잃고
부글부글 끓는 솥단지에 빠져
초콜릿 수프가 되어 버렸죠.

"우아, 신기하게도 이제 이가 아프지 않아요!"
용이 웃으며 말했어요.
"음식이 치아 사이에 낀 채 남아 있으면 치아가 몹시 아프단다. 그래서 식사 후에는 꼭 치실로 청소해야 해."
몬스터 치과 의사가 치실 사용 방법을 설명해 주었어요.
"이렇게 치실을 양손 집게손가락에 감고, 엄지손가락으로 쑥 밀면서 치아 사이사이를 청소하는 거야."

"자, 이제 어서 날아가서 어린이들의 아픈 치아를 구해 주렴!"
몬스터 치과 의사가 말했어요.
"네, 선생님! 저에게 치실을 주세요."
용은 치실을 입에 꽉 물고 힘차게 날아올랐어요.

몬스터 숲의 용이 초콜릿 왕국에 도착했어요.
바로 그때! 초콜릿 마녀가 초콜릿 공룡을 타고 나타났죠.
초콜릿 공룡은 몬스터 숲의 용을 향해
끈끈한 초콜릿을 내뱉었어요.

"으하하! 하나도 무섭지 않아. 내 치실을 받아라!"
몬스터 숲의 용이 입에 물고 있던 치실로
초콜릿 공룡의 날개를 꽁꽁 묶어 버렸어요.
힘을 잃은 초콜릿 공룡은 땅으로 곤두박질쳤어요.
"헉! 다, 다음에 만나면 가만두지 않겠다."
초콜릿 마녀가 겁이 나서 허겁지겁 도망쳤어요.

초콜릿 마녀가 초콜릿 성에 가두어 두었던 수많은
치아들을 용이 모두 구해 냈어요.
'몬스터 치과 병원으로 모두 어떻게 데려가지?'
용이 걱정하고 있을 때였어요.

"우리를 치실에 나란히 묶어 주세요!"
치아들이 손뼉 치며 소리쳤어요.
"좋은 생각이야!"
용은 치아들을 치실에 단단히 묶어 그 매듭을 입에 물고
두둥실 날아올랐어요.

치아를 잃어버렸던 수많은 아이들이
몬스터 치과 앞에 줄을 서 있네요.
몬스터 치과 의사는 마법의 풀로
아이들의 치아를 붙여 주었어요.

"아! 간지러워. 킥킥."
아이들은 행복하게 웃어 댔어요.
"얘들아, 이를 닦은 후에 치실 쓰는 것 잊지 말아라!"
몬스터 치과 의사가 말했어요.

그 후로 몬스터 숲의 용은 식사 후에 이를 닦고
반드시 치실로 치아 사이사이를 청소했어요.
초콜릿 괴물들이 다시는 용의 입속으로
쳐들어올 수 없었답니다.

## 몬스터 치과 의사 선생님의 당부!

 칫솔질을 하고 나면 치아가 완전하게 깨끗해졌다고 생각하는 어린이들이 많지만, 사실 그렇지 않아요. 칫솔로 다 빠져나오지 못한 음식물이 치아 사이사이에 남아 있거든요. 이 사이에 낀 음식을 그대로 두면 치아가 썩고 잇몸이 아프게 되어 치료를 받아야 해요.
 그렇다면 칫솔질 후에도 치아 사이에 남은 음식물은 어떻게 빼야 할까요? 이때 필요한 것이 바로 치실이랍니다. 치실을 사용하면 치아 사이의 음식물뿐만 아니라, 세균막까지도 청소할 수 있어요.

 ## 치실은 어떻게 생겼고, 어떻게 사용해야 하죠?

치실을 사용하는 것은 어렵지 않아요. 치실 통에 든 치실을 손으로 끊어서 사용하면 돼요. 어린이들이 편리하게 사용할 수 있도록 손잡이가 달린 형태로 나오는 치실도 있어요. 치아 사이에 치실을 넣을 때는 조심히 넣어 주는 것이 중요해요. 한 번 사용한 치실은 위생을 위해서 다시 사용하지 않고 버려야 하지요.

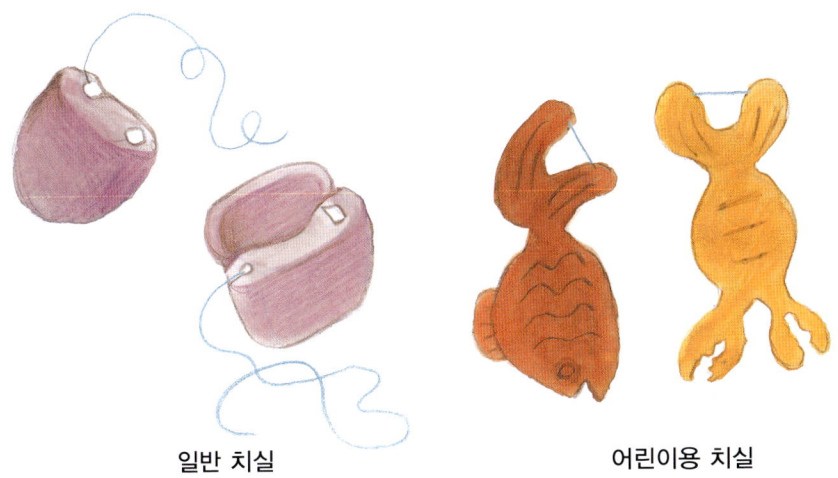

일반 치실 　　　　　　　　　어린이용 치실

이 사이로 치실을 넣고 나서는 치실을 조심스럽게 잡아당기며 위아래로 쓱싹쓱싹 청소해 주어야 해요. 치아 사이사이마다 서너 번 이상 청소해 주면 치아 사이에 남아 있던 작은 음식물 조각까지 모두 빠져나와 치아가 깨끗해져요. 치실을 사용하는 습관을 들이지 않으면 칫솔질 후에 여전히 치아에 남아 있는 음식물이 이를 썩게 만들어서 결국 충치를 앓게 돼요.

# 올바른 치실 사용 방법을 알아보아요!

① 치실을 삼십 센티미터 정도 끊어서 양손 검지에 치실 끝을 감아 주세요.

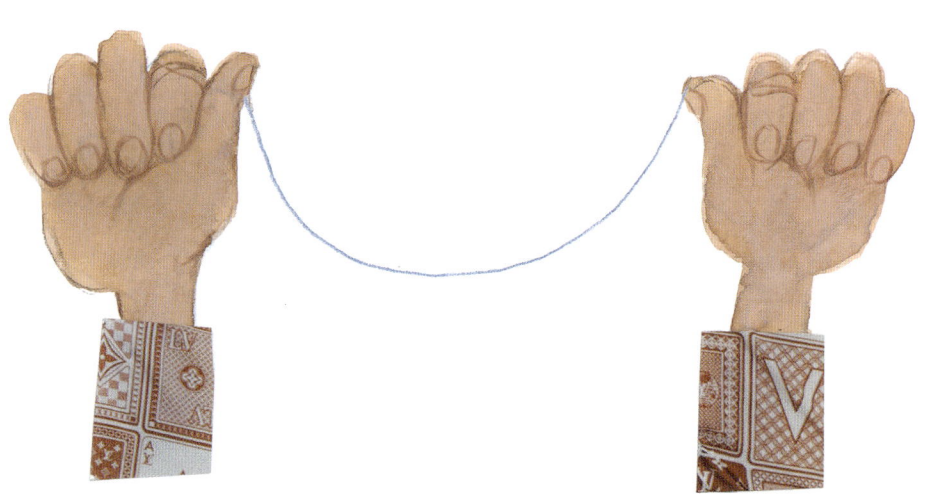

② 양손 집게손가락으로 치실을 팽팽하게
　당겨 잡아 주세요.

43

③ 치아 사이에 치실을 넣을 때는 조심스럽게 천천히 밀어 넣어요.

④치아를 감싸는 듯한 기분으로 치실을 당기세요. 잇몸 속 깊은 곳까지 닿도록 치실을 밀어 넣은 뒤, 아래위로 쓱싹쓱싹 청소하며 움직이면 음식물이 빠져나와요. 치아 사이마다 이 과정을 서너 번 이상 반복해요.